글 **고석규**

서울대학교 국사학과를 졸업하고 같은 대학의 대학원에서 석·박사를 마쳤습니다. 1995년부터 국립목포대학교 사학과 교수로 재직했으며, 제6대 국립목포대학교 총장 등을 역임했습니다. '2014 자랑스러운 서울대사학인'으로 선정되었고 도시사학회·호남사학회 회장, 국사편찬위원회 위원으로도 활동했습니다. 쓴 책으로는 『한국사 속의 한국사』, 『남도의 섬과 바다 이야기』, 『역사 속의 시간, 시간 속의 역사』 등 다수가 있습니다. 현재는 전남인재평생교육진흥원장을 맡아 인재 육성에 노력하고 있습니다.

그림 **남동완**

언제나 두 아이와 함께 즐겁고 신나게 이야기를 나누듯 그림을 그리고 있습니다. 경희대학교에서 디자인을 전공한 후 아이들이 좋아서 문구 디자인 회사에 다녔고, 이제는 아이들을 위한 그림책을 만듭니다. 쓰고 그린 책으로 『완벽한 타이밍』, 『쳇! 두더지한테 아무도 관심 없어』, 『숟가락이면 충분해』 등이 있습니다.

기획 자문 **김대식**

독일 막스플랑크 뇌 연구소에서 석박사 학위를 받은 뒤 미국 매사추세츠공과대학(MIT)에서 박사 후 과정을 보냈습니다. 지금은 한국과학기술원(KAIST) 전기 및 전자공학부 교수로 일하고 있습니다. 쓴 책으로는 『메타버스 사피엔스』, 『당신의 뇌, 미래의 뇌』, 『그들은 어떻게 세상의 중심이 되었는가』, 『인간을 읽어 내는 과학』 등이 있습니다.

『생각의 탄생』 시리즈 **생각의 탄생**은 여기저기 흩어져 있는 문명 탄생의 순간들을 주제별로 한데 모아 인류가 어떤 생각들을 떠올리며 발전해 왔는지를 재미있고 알기 쉽게 들려주는 어린이 교양 백과입니다.

『시간과 시계』

인류는 언제부터 시간을 재기 시작했을까요? 시간을 눈에 보이게 만든 달력과 시계는 어떤 모습으로 발전해 왔을까요? 이 책은 편리하고 정확한 달력과 시계를 만들기 위해 노력한 인류의 이야기를 담고 있습니다. 고대부터 지금까지 1년과 하루의 시간을 재기 위한 노력과 생각을 따라가 보면, 우리들이 앞으로 어떤 시간 혁명 속에 살아갈지 그려질 거예요.

글 고석규 그림 남동완
기획 자문 김대식

〈생각의 탄생〉을 시작하며...

인간의 뇌는 태어난 후 약 12년 동안 여러 경험을 거치는 '결정적 시기'를 통해 세상을 파악하고 성장해 갑니다. 이 시기의 아이들은 어느 한쪽에 치우치지 않고 다양한 세상을 접할수록 폭넓은 사고를 갖춘 사람으로 자랄 수 있습니다. 〈생각의 탄생〉은 그런 목적으로 기획되었습니다.

아이들의 뇌 성장을 자극하는 주제

한창 자라는 뇌의 신경 세포들은 다양한 자극을 통해 성장합니다. 〈생각의 탄생〉은 아이들의 뇌 발달에 도움이 되는 다양한 문명 관련 주제를 오랜 검토와 고민 끝에 하나하나 정했습니다. 또 하나의 주제 안에서 역사, 문화, 과학, 예술 등 여러 분야의 지식을 융합하여 다양한 자극이 전해지도록 고려했습니다.

인류의 발자취를 따라가며 배우는 생각의 힘

세상의 지식은 서로 연결되어 있습니다. 또 연결된 지식에는 역사가 있습니다. 〈생각의 탄생〉은 연결된 지식의 역사 속에서 누가, 언제, 어떻게 세상에 없던 생각을 떠올렸는지 그 과정을 생생하게 따라갑니다. 아이들은 인류의 생각을 들여다보며 더 나은 미래를 펼칠 상상력을 키울 수 있습니다.

> **"** 자, 그럼 〈생각의 탄생〉과 함께
> 문명 탄생의 순간들을 찾아
> 즐거운 생각 여행을 떠나 볼까요? **"**

2번째 지식 여행 〈시간과 시계〉

인간이 만든 시간, 시간이 만든 인간

아침마다 졸린 눈을 비비며 학교에 가는 건 정말 어렵습니다. 왜 우리는 정해진 시간에 맞춰야 할까요? 잠을 푹 자고 오후나 저녁에 가면 더 편하지 않을까요? 한 반에 있는 20명의 학생들이 각자 편한 시간에 등교한다고 상상해 봅시다. 그럼 학생들에게 맞춰 선생님도 하루에 20번 학교에 가야 하거나 한 반에 20명의 선생님이 필요할 수도 있겠지요. 이런 일이 일어나지 않도록 우리가 정해진 시간을 맞추는 이유는, 인간은 공동체 생활을 하는 '사회적 동물'이기 때문입니다.

왜 시간과 시계를 만들게 되었을까?

먼 옛날 인류는 덩치가 크고 힘이 센 동물들 사이에서 살아남기 위해 특별한 방법을 떠올렸습니다. 힘을 합치는 거지요. 여럿이 함께 모이면 아무리 강한 동물이라도 두렵지 않으니까요. 그러기 위해서는 모두가 같은 때에 움직여야 할 테니, 인류는 '시간'을 만들고 그것을 확인할 수 있는 도구들을 만들게 됩니다. 이 도구가 바로 '시계'입니다. 인간이 혼자서도 살아갈 수 있었다면 시간과 시계는 어쩌면 필요하지 않았을 수도 있습니다. 각자 자신이 정한 일정에 따라 생활하면 될 테니까요.

시간은 인간에게 어떤 영향을 끼쳤을까?

정해진 시간에 맞춰 다 함께 수업을 받아야 하는 건 이제 이해가 되었나요? 그런데 우리는 왜 아침부터 수업을 하는 걸까요? 그건 인류의 오랜 역사와 관련이 있습니다. 19세기 말 전등이 발명되기 전, 집 안은 매우 어두웠습니다. 그래서 인류는 해가 떠 있을 때만 밖에서 활동을 하고 해가 지면 빨리 집으로 돌아와야 했지요. 인간이 이른 시간에 주로 활동을 하는 데는 한 가지 이유가 더 있습니다.

바로 '생체 리듬'입니다. 인간의 몸은 낮에 주로 활동할 수 있게 맞춰져 있기 때문입니다. 이렇게 시간과 시계는 인류의 역사적, 문화적, 생물학적 원인과 관련이 있습니다.

아인슈타인과 같은 물리학자들은 우주에는 가로, 세로, 높이로 구성된 입체적인 3차원의 '공간'과 과거에서 미래로 흐르는 1차원의 '시간'이 존재한다고 말합니다. 우리는 공간 속에서 움직이고 시간 속에서 과거에서 현재로, 현재에서 미래로 나아가는 거지요. 그런데 왜 시간은 언제나 앞으로만 흘러가는 걸까요? 시간을 거꾸로 돌리는 타임머신은 만들 수 없는 걸까요? 생각의 탄생 두 번째 권인 〈시간과 시계〉를 읽은 여러분이 먼 미래에 이런 질문에 대한 답을 연구하는 과학자가 되기를 기대합니다.

김대식, KAIST 전기 및 전자공학부 교수

차례

《생각의 탄생》을 시작하며　4

1. 시간이 탄생되었다!　12

- 시간을 모르니 불편해!
- 뼈에 새겨 시간을 재자!
- 해와 달이 1년의 달력을 만들었다고?
- 🔆 생각 발견 **이집트 태양력의 탄생!**
- 율리우스력이 과학적인 달력이라고?
- 오늘날 사용하는 달력은 그레고리력!

2. 자연의 움직임을 담은 자연 시계　30

- 하루를 짧게 쪼개 볼까?
- 해가 낮 시간을 알려 준다고?
- 물시계가 밤낮없이 시간을 쟀다고?
- 🔆 생각 발견 **르그랭이 발견한 고대 물시계!**
- 자동으로 시간을 알려 준다고?

3 기계의 힘으로 움직이는 기계 시계　44

커다란 기계 시계가 등장했다고?
시계가 호주머니 속으로 들어갔다고?
 갈릴레이의 진자 원리 발견!
진자시계가 뭐야?
손목시계가 발명되었어!

4 1초의 기준을 바꾼 과학 시계　60

시간의 통일이 필요해!
 플레밍이 만든 표준시!
수정 시계가 1초의 기준을 바꾸었다고?
지금의 1초는 세슘 원자 시계가 정한다고?

5 우리나라의 달력과 시계　72

우리 땅에 맞는 달력을 만들었어!
계절과 시간을 동시에 알려 주는 시계가 있었다고?
스스로 시간을 알려 주는 물시계, 자격루!
 자동 물시계, 자격루의 탄생!

 인류의 시간 탐구와 미래 시간 혁명　84

궁금증 상담소　88

손바닥 교과 풀이　90

오늘이 몇 월, 며칠인지 우리는 달력을 보면 돼.
지금이 몇 시인지는 시계가 알려 주지.

그런데 지금은 이렇게 쉽고 간단한 일이 아주 오랜 옛날에는 쉽지 않았어.

앗! 벌써 깜깜해졌어.

그럼, 옛날에는 어떻게 시간을 알았을까?

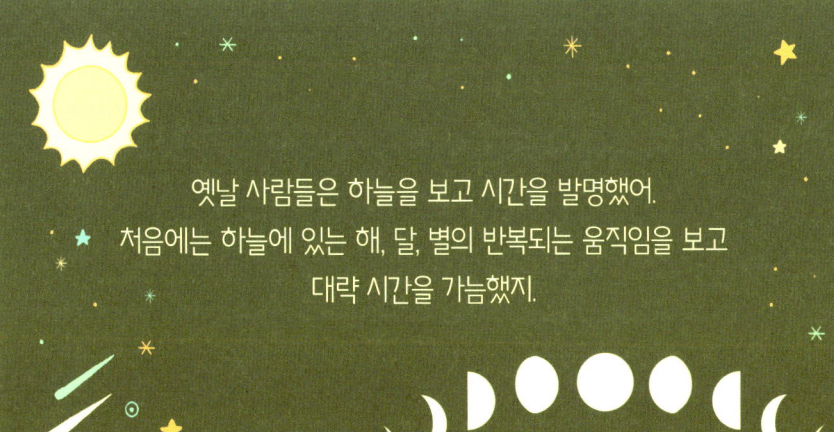

옛날 사람들은 하늘을 보고 시간을 발명했어.
처음에는 하늘에 있는 해, 달, 별의 반복되는 움직임을 보고
대략 시간을 가늠했지.

그렇다면 인류는 왜 시간을 발명했을까?
달력과 시계는 어떤 원리로 만들었을까?
왜 점점 더 정확한 시계가 필요했을까?
시간은 사람들에게 어떤 영향을 주었을까?

아주 오랜 옛날에 사람들은 여기저기 먹을 것을 찾아다니고 추위와 사나운 짐승을 피해 안전한 곳으로 이동하며 살았어. 이때 사람들은 그저 해가 언제 뜨고 지는지에 따라서 쉬거나 일하고 잠을 잤어. 그리고 계절이 바뀌면 그에 맞추어 해야 할 일을 찾아서 하면 그만이었지. 이렇게 단순하게 생활했기 때문에 지금처럼 굳이 시간을 정확하게 알 필요가 없었어. 그런데 계절이 언제 바뀔지 몰라서 열매를 따는 시기를 지나쳐 버리거나 사냥감을 놓쳐 쫄쫄 굶는 일이 생겼어. 추운 겨울이 오기 전에 동굴을 찾지 못해 추위에 벌벌 떨기도 했지. 시간을 모르니 불편한 게 한두 가지가 아니었어.

그래서 누군가 이런 생각을 하게 되었지.

"동물이 언제 이동하는지 알면 더 많이 사냥할 수 있지 않을까?"

"열매가 언제 열리는지 알면 더 많이 딸 수도 있을 텐데…."

"겨울이 언제 올지 알면 미리 따뜻한 동굴에 들어가 있을 텐데…."

그래서 이런 것을 알기 위해서 밤낮으로 자연의 변화 모습을 관찰하고 또 관찰했어.

옛날 사람들은 하늘의 해와 달이 규칙적으로 위치와 모양이 변한다는 것을 알게 되었어. 그중 달은 해보다 모양이 확확 변해서 관찰하기가 쉬웠어. 또한 비교적 짧은 기간 동안에 모양이 커졌다 작아졌다 반복해서 기록으로 남기면 계절의 반복되는 모습을 재는

단위로 삼기에 좋았지. 그 옛날 사람들이 정말로 이런 자연 현상을 관찰하고 기록으로 남겼는지 어떻게 아냐고? 그건 몇 가지 유물이 발견된 덕분이야. 가장 널리 알려진 건 프랑스 중부 지방의 동굴에서 발견된 독수리 날개의 뼛조각이지. 이 뼛조각은 2만~3만 년 전에 살던 사람들이 남긴 것인데, 뼛조각에 새겨진 무늬는 두 달 동안 달의 변화 모습을 나타낸 것이라고 해. 달의 변화 모습을 기록한 것은 세계 여기저기에서 발견되었어. 어디에 쓰였는지는 정확히 알 수 없지만, 오래전부터 자연의 변화를 관찰하고 기록해야 할 필요성이 있었다는 건 알 수 있지. 그리고 이런 인류의 노력이 쌓이고 쌓여 세상에 없던 '시간'이 탄생하게 되었다는 건 분명해.

뼛조각에 달의 변화를 기록해 시간을 탄생시킨 사람들은 좀 더 긴 단위의 시간도 알고 싶었을 거야. 한두 달의 시간만을 담은 달력으로는 다음에 무슨 계절이 오고 언제 추워지는지 알 수 없었을 테니까. 그래서 더 긴 시간 동안 하늘에 있는 해, 달, 별의 움직임과 자연의 변화 모습을 관찰해 기록으로 남겼어.

이런 기록들이 쌓이고 후손에 전해지면서 어느 순간 반복되는 자연의 가장 큰 단위인 1년의 달력이 만들어지게 된 거지. 1년이라는 시간을 담은 달력도 역시 달의 변화하는 모습을 기준으로 먼저 만들었어. 달이 차고 기울기를 12번 반복하면 다시 같은 계절이 온다는 걸 알았지.

달의 모양 변화처럼 어떤 현상이 규칙적으로 되풀이되는 기간을 '주기'라고 하는데, 달의 주기를 기준으로 만든 달력을 태음력이라고 해. 인류가 최초로 사용한 달력은 바로 이 태음력이야.

고대 이집트에서도 태음력을 먼저 사용했어. 그런데 태음력을 사용하면서 사람들은 시간이 지날수록 실제 계절과 차이가 점점 벌어진다는 것을 알게 되었지. 어느 순간 달력이 알려 주는 씨앗 뿌리는 시기와 실제 계절에 제법 차이가 나게 된 거야. 그건 사람들이 피부로 느끼는 계절은 태양의 움직임을 중심으로 변하는데, 달력은 달의 움직임을 기준으로 정해 놓았기 때문이었어.

달이 차고 기우는 한 달의 주기는 29.5일, 1년은 354일 정도야. 우리가 1년으로 알고 있는 365일보다 11일이나 차이가 나는 거지. 이 차이가 해마다 쌓이면 어떻게 될까? 맞아, 날짜 차이가 점점 벌어져서 계절이 어긋나게 돼.

고대 이집트 사람들은 이런 문제를 해결하기 위해서 계절을 결정 짓는 태양을 기준으로 달력을 만들었어. 바로 오늘날 우리가 사용하고 있는 태양력이라 불리는 달력이지. 기원전 3천 년경에 만들어진 태양력은 태음력보다 계절의 변화를 정확하게 알려 주었어.

윤달과 윤년은 왜 생겼을까?

우리나라는 태음력과 태양력을 합친 태음 태양력을 써.

그러려면 11일의 차를 조절해서 두 주기를 맞추어야 해.

354일　　365일
11일 차이

그래서 태양력은 4년마다 2월에 하루(윤날)를 추가하고,

나도 끼워 줘.

태음력은 19년에 7번 한 달을 추가해 1년을 13달로 해.

보너스!
3월　윤달 3월　4월

윤날이나 윤달이 들어간 해를 윤년이라고 하지.

내가 있는 해는 윤년이야.

이집트 태양력의 탄생!

오래전 이집트 사람들은 나일강 주변이 살기 편하다고 생각했어. 대부분이 메마른 땅이었던 이집트에서 물이 풍부한 나일강 근처는 살아가기에 여러모로 편했지.

율리우스력이 과학적인 달력이라고?

이집트는 1년을 365일로 정한 태양력이 계절의 변화와 잘 맞아 농사는 물론 종교 행사나 세금 걷는 일 등도 매년 똑같은 날에 계획할 수 있었어. 나라나 개인이나 효율적으로 일을 할 수 있게 된 거야. 이런 이집트 태양력의 가치를 일찍이 알아본 사람이 있었는데, 그가 바로 로마 제국을 이끌던 율리우스 카이사르야.

율리우스는 이집트를 정벌하는 동안 태양력을 경험하게 되었어. 이때 이집트의 태양력이 로마의 달력에 비해 훨씬 과학적이라는 생각을 하게 되었지. 당시 로마 달력은 문제가 많았어. 이집트가 태음력을 썼을 때 벌어졌던 문제와 비슷했어. 1년을 355일로 정하다 보니 해가 갈수록 달력이 계절과 맞지 않았지. 게다가 제사장과 황제가 마음대로 날짜를 넣었다 빼었다 하면서 한 해가 일정하지 않았어. 율리우스는 로마를 안정적인 나라로 만들기 위해서 달력을 고쳐야겠다고 생각했어. 그래서 기원전 45년 기존의 이집트 태양력을 배워서 1년을 365.25일로 정하고 여기에 윤년을 조절해 율리우스력을 만들었어. 율리우스력은 로마의 넓은 영토를 통해 전 세계로 빠르게 전파되어 1000년 가까이 사용되었어.

 율리우스력은 한동안 계절과 잘 맞아서 주요 기념일이나 농사 등을 잘 챙길 수 있었어. 처음 만들어지고 얼마 동안은 하루도 차이가 나지 않았지. 하지만 해가 바뀔수록 처음 제정한 기념일들과 어긋나기 시작했어. 결국 1582년에는 열흘이나 벌어졌지. 왜 이런 일이 생겼을까? 그것은 율리우스력의 1년의 길이와 실제 1년의 길이가 차이가 났기 때문이야.

 당시에 대부분의 유럽 국가들은 기독교를 믿었기 때문에 부활절은 아주 중요한 기념일이었어. 부활절은 춘분을 기준으로 정해져 있었지. 하지만 율리우스력이 실제 1년보다 길었기 때문에 1582년에는 춘분이 10일이나 앞당겨지자, 부활절도 당겨지게 된 거야. 당시

로마 가톨릭의 교황이었던 그레고리우스 13세는 부활절 날짜를 처음 제정한 날짜와 맞추기 위해 달력을 개정했는데, 이 달력이 그레고리력이야. 그레고리력은 1년을 실제 지구의 공전 주기인 365.24일에 더욱 가깝게 계산하고 여기에 윤년을 맞추었어. 그레고리력은 3,300년에 겨우 하루의 오차가 날 정도로 정확했어. 유럽의 기독교 국가로 퍼졌던 그레고리력은 지금 전 세계가 쓰는 달력이 되었어.

2. 자연의 움직임을 담은 자연 시계

하루를 짧게 쪼개 볼까?

고대 사람들은 1년이라는 긴 단위의 시간을 만들었지만 하루는 특별히 나눌 필요를 느끼지 못했어. 그저 해가 뜨고 지는 것으로 낮과 밤이 한 번씩 나타나는 것을 하루라 생각했지. 그런데 이렇게 단순하게 구분했던 하루도 사람들이 도시에 모여 살면서 조금씩 나눌 필요가 생기기 시작했어.

도시에는 다양한 일을 하는 사람들이 모여 살아. 도시 사람들은 농사뿐만 아니라 장사를 하는 사람, 물건을 만드는 사람, 도로를 닦는 사람 등 제각각 하는 일이 다르지. 이런 사람들이 모이면서 서로 만나 약속을 정해야 했고, 하루에 얼마나 많은 일을 했는지도 알 필요가 생겼어. 이제 하루도 낮과 밤이 아니라 좀 더 시간을 나눌 필요가 생긴 거야.

하루를 오늘날처럼 24시간으로 나누어 재기 시작한 건 기원전 1500년경이었어. 고대 이집트에서는 밤에는 별자리 12개의 움직임을 보고 12개로 시간을 나누었고, 이를 바탕으로 낮의 길이도 12개로 시간을 나누어 하루를 24시간으로 구분했어.

해가 낮 시간을 알려 준다고?

　해를 오랫동안 관찰해 태양력을 만든 이집트는 낮 시각을 재는 해시계도 만들었어. 이집트 사람들은 하루 중 해의 변화를 계속 관찰하다가 해가 동쪽에서 떠서 서쪽으로 지는 것과 동시에 나무나 집 등의 그림자가 달라진다는 것을 발견했어. 이것을 보고 하루의 시간을 대충 구분할 수 있었지. 그러다가 땅바닥에 막대를 꽂아 놓고 일정한 간격으로 눈금을 표시해 그림자가 지나가는 방향을 재면 시간을 좀 더 정확하게 알 수 있겠다고 생각했어. 이렇게 시간을 확인하던 이집트 사람들은 계절에 따라 막대의 그림자의 방향과 길이가 들쭉날쭉해서 시간이 정확하지 않다는 것을 알게 되었어.
　왜 이런 일이 생긴 걸까? 그건 계절에 따라 해가 비치는 방향과

높이가 다르기 때문이야. 이집트 사람들은 이런 문제를 해결하기 위한 방법을 계속 생각했어. 결국 기원전 1500년경 해시계의 바늘을 지구가 기울어진 축만큼 기울이면 그림자의 움직임이 일정해진다는 사실을 알아냈어. 이로써 인류는 장소와 계절에 상관없이 낮 시간을 알 수 있는 시계를 만든 거야. 그럼, 밤에는 어떻게 시간을 알았을까? 그건 시간마다 위치가 달라지는 별을 보면 알 수 있었어.

해시계와 별시계로 낮이나 밤이나 시간을 알 수 있었지만 또 다른 문제가 있었어. 흐리거나 비가 오면 두 시계 모두 시간을 알 수 없다는 거지. 이제 하늘의 해, 달, 별을 보고 시간을 알았던 데서 벗어나 시간을 측정할 수 있는 다른 장치가 필요하게 된 거야.

이집트 사람들은 오래전부터 물그릇에 작은 구멍을 뚫어서 물방울이 똑똑 떨어지도록 한 뒤에 물그릇에 남은 물의 양이나 떨어진 물의 양을 보고 시간이 얼마나 흘렀는지 알았어.

이것을 이용해서 만든 시계가 물시계야. 물시계는 물의 양만 재 보면 흘러간 시간을 금방 알 수 있어서 짧은 시간을 재기에 제격이 었어. 물시계가 등장하면서 시간을 확인하기 위해 하늘을 쳐다볼 필요가 없어졌지.

물시계는 기원전 1400년경 이집트 카르나크 신전에서 사용된 것으로 알려져 있어. 1907년 프랑스의 고고학자 르그랭이 쓰레기 더미에서 물시계를 발견하면서 세상에 알려졌지.

르그랭이 발견한 고대 물시계!

고고학자 르그랭은 1895년에 이집트 카르나크 유적의 연구 책임자가 되었어.

나에게 이런 행운이 찾아오다니!

유적을 연구하러♪ 이집트로 가자♪

르그랭이 카르나크 신전에 도착했을 때 이곳은 폐허였어.

세상에! 찬란했던 이집트 신전은 다 어디로 간 거야?

자동으로 시간을 알려 준다고?

이집트에서는 기원전 250년경 더욱 발전된 물시계가 발명되었어. 이 물시계 안에는 인형이 들어 있었는데, 물이 차면 눈금이 그어져 있는 막대로 올라가 자동으로 시간을 알려 주었어. 이런 이슬람 지역의 자동 물시계는 기술을 뽐내는 귀한 물건으로도 쓰였어. 8세기 말 서유럽을 다스렸던 샤를마뉴는 이슬람 아바스 왕조의 왕인 알 라시드가 선물로 보내온 물시계가 시간마다 자동으로 종을 치자 놀라움에 입을 다물지 못했지.

처음에는 단순했던 자동 물시계는 나날이 발전해 12세기 무렵에는 한층 더 정밀하면서도 보기에도 아름다운 모습을 갖추게 돼. 특히 이슬람의 알 자자리는 자동 시계 제작 기술을 크게 끌어올렸는데, 그가 만든 시계 중 가장 유명한 것은 코끼리 시계야. 코끼리 인형 안에 있는 물통 속의 작은 용기가 물에 잠기면서 끈을 아래로 잡아당기는데, 이때 생기는 힘이 코끼리의 등에 연결된 인형들을 일정 시간마다 움직이게 하거나 소리를 내게 해 시간을 알려 줘. 당시로서는 물시계가 오늘날의 우주여행처럼 놀라운 기술이었음이 분명해!

3. 기계의 힘으로 움직이는 기계 시계

 중세 시대에는 유럽 곳곳에 수도원과 교회가 있었어. 수도원에서는 정확한 시간에 맞추어 종을 쳐서 수도원에서 생활하는 사제는 물론 마을 사람들에게까지 예배 시간과 기도 시간을 알려 주었어. 종을 치는 사제들은 정확하고 규칙적인 시간을 알기 위해서 다양한 방법을 동원했어. 해시계나 물시계 등을 확인하는 것은 물론 개인적으로 성경 책을 읽는 시간까지 재서 규칙적으로 종을 쳤지.

 사제가 깜빡 졸거나 날씨가 흐리거나 물시계가 고장 나거나 하는 여러 사정으로 시간을 알 수 없을 때는 종을 칠 수 없었어. 종이 울리지 않은 날 수도원 생활은 어땠을까? 하루 일과가 엉망이 되어 버렸을 거야. 이 때문에 수도원에는 사람의 도움 없이 일정한 시간마다 정확하게 시간을 알려 줄 시계가 필요했어. 자연스레 수도원과 교회에서는 기계로 움직여 자동으로 시간을 알려 주는 기계 시계에 관심을 갖게 되었지.

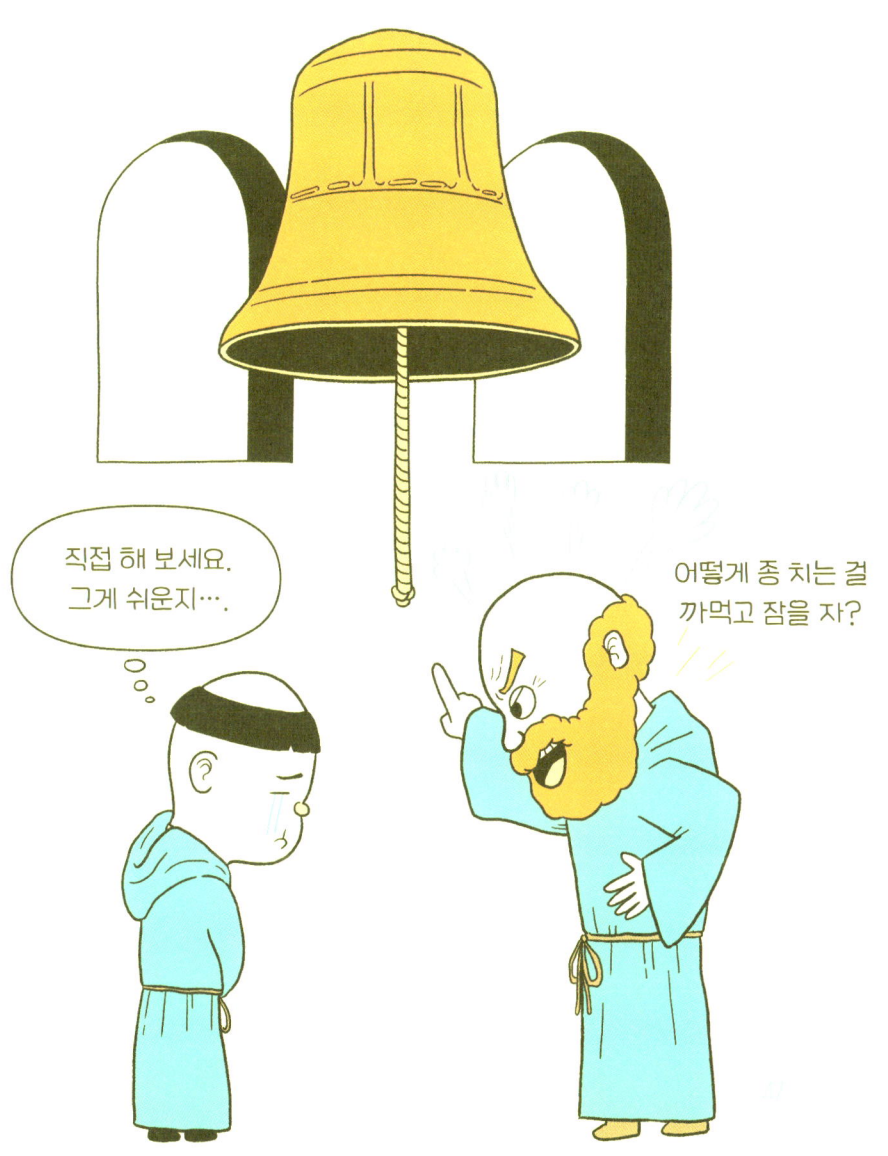

1326년경 수도원 원장이었던 월링퍼드의 리처드도 정확한 시계가 필요했어. 그는 평생 연구한 끝에 사람의 도움 없이 시간을 알려 주는 기계 시계를 발명했어. 이 기계 시계는 탈진기를 통해 작동되었어. 탈진기는 시계의 속도를 일정하게 유지해 주는 장치인데, 월링퍼드의 리처드는 원래 있던 탈진기를 좀 더 발전시켜서 기계 시계를 발명한 거야.

이렇게 탄생한 기계 시계는 처음에 교회의 종탑에만 걸렸어. 그런데 시계의 쓰임이 점점 커지면서 14~16세기에는 대도시의 광장이나 시청의 높은 곳에도 걸리게 되었지.

많은 사람들이 쓸 수 있도록 만든 공공 시계는 일상에서 아주 요긴하게 쓰였어.

시계가 호주머니 속으로 들어갔다고?

　기계 시계가 유럽에 점차 퍼질 무렵 무역과 상업이 발달하면서 사람들의 이동이 전보다 크게 늘었어. 이 때문에 들고 다닐 수 있는 작고 가벼운 개인용 시계를 찾는 사람들이 많이 생겼지. 하지만 당시 기술로는 들고 다니는 시계를 만든다는 건 상상하기 힘들었어. 그런데 놀랍게도 1510년경 독일의 헨라인이 태엽을 이용해 작은 시계를 만드는 데 성공했어. 이 시계는 돌돌 말려 있던 태엽이 풀리면서 톱니바퀴를 움직여 작동되었지.

　이전 기계 시계에 있던 커다란 추 대신 작고 가벼운 태엽이 들어가면서 시계의 크기와 무게는 비교할 수 없을 정도로 줄었어. 덕분에 시계는 사람들이 바라던 대로 들고 다닐 수 있게 되었지. 드디어 회중시계의 시대가 열린 거야.

　16세기 말 귀족들은 자신의 신분과 부를 과시하기 위해 앞다투어 회중시계를 구입했어. 이때 이탈리아의 피사 성당에는 역사적인 순간을 보내는 한 사람이 있었어. 그 사람이 누구냐고? 바로 갈릴레오 갈릴레이야. 갈릴레이는 줄에 매단 추, 즉 진자가 똑같은 속도로 왔다 갔다 한다는 것을 발견했지.

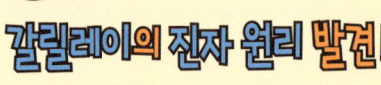

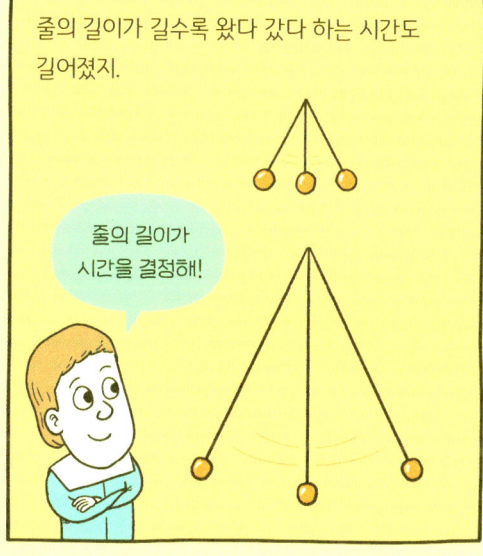

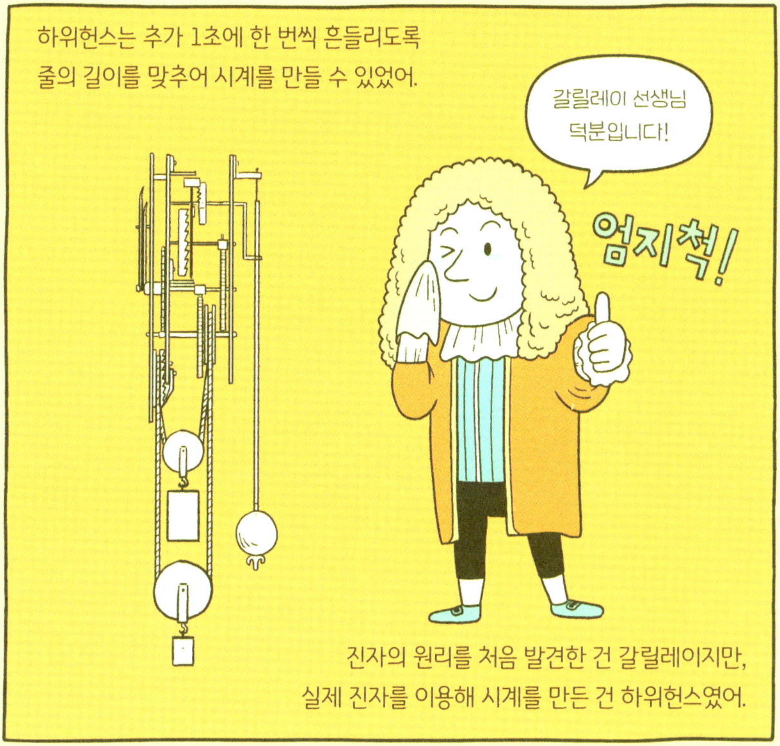

16세기까지 개발된 시계들은 하루 한 시간 정도의 오차가 있어서 사람들을 번번이 실망시켰어. 태엽 시계도 태엽을 감지 않으면 멈추었기 때문에 자주 시간이 맞지 않았지. 그러던 중 진자를 이용하면 훨씬 더 정확한 시계를 만들 수 있을 것이라 생각하는 과학자가 하나둘 생겨났어. 그 가운데 하위헌스라는 과학자도 있었지.

1656년 하위헌스는 갈릴레이의 진자 원리를 참고해 시계를 발명했어. 그가 만든 시계를 보고 사람들은 진짜 시계가 발명되었다고 환호했어. 왜 진짜 시계라고 생각했을까? 이제야 시계가 시, 분, 초를 가리키는 바늘을 갖추었기 때문이야. 그 전의 기계 시계에는 시침만 있었어. 그런데 진자를 사용하여 하루에 8~10초 정도밖에 오

차가 나지 않는 정확한 시계를 만든 거야. 그러니 분과 초를 가리키는 시곗바늘도 당연히 시계에 넣을 수 있었지. 하위헌스는 진자를 이용해 가정에서 쓸 수 있는 벽시계도 만들었어. 덕분에 사람들은 전보다 시간을 더 잘 지키며 생활하게 되었어.

진자시계보다 먼저 발명되었던 회중시계는 크기가 작아서 들고 다니기에는 편했지만 태엽이 문제였어. 시간이 갈수록 태엽의 힘이 약해져서 시계가 자주 멈췄거든.

진자시계를 만들었던 하위헌스는 태엽보다 뛰어난 밸런스 스프링을 발명해서 시계의 정확성을 한 번 더 높였어. 또 여기서 그치지 않고 더 나은 시계 장치를 계속해서 만들었어. 그 결과 손목에 찰 수 있을 정도의 시계가 만들어지게 되지.

최초의 손목시계에 관해서는 논란이 많지만, 1904년 카르티에가 친구인 비행기 조종사 산투스두몽을 위해 만든 '산투스'를 최초로 보고 있어. 이처럼 처음으로 손목에 시계를 두른 사람은 시간을 정확하게 맞추어야 하는 비행기 조종사나 군인들이었어.

손목시계가 널리 보급되기 시작한 건 제1차 세계 대전 때였는데, 한날한시에 작전을 펼치려면 군인들에게 손목시계가 꼭 필요했지. 그 뒤로 손목시계는 공장에서 대량 생산되면서 가벼워지고 작아진 데다 값도 싸서 대중들의 인기를 한몸에 받았어.

4. 1초의 기준을 바꾼 과학 시계

시간의 통일이 필요해!

　15세기에서 17세기까지 대항해 시대를 거치면서 유럽 사람들은 내 나라라는 좁은 울타리를 넘기 시작했어. 대항해 시대는 유럽 여러 나라들이 바닷길을 통해 새로운 땅을 찾아 경쟁적으로 나서던 시대였거든.

　그 뒤 18세기 말에 산업 혁명으로 교통이 혁명적으로 발달하면서 지역과 나라를 넘나드는 일이 자주 생겼어. 이런 일에 기름을 부은 것이 기차였지. 기차로 먼 거리까지 여행이 가능해지자 사람들은 먼 도시와 나라까지 가서 일을 하거나 여행을 하게 되었어.

　이때부터 사람들은 전 세계를 하나로 생각하기 시작했어. 그런데 시간은 제각각이어서 여러 가지 문제를 일으켰지. 지역마다 다른 시간을 쓰던 습관으로 여행객들은 기차를 놓치기 일쑤였고 넓은 나라를 가로지르며 물건을 실어 나르던 철도 회사들도 약속한 시간을 맞추기가 어려웠어. 그제야 사람들은 세계의 시간을 하나로 통일할 필요가 있다고 생각하게 되었어. 플레밍은 국제 사회에 표준시를 만들자고 제안했어. 이에 전 세계 사람들이 머리를 맞대고 의논하여 오늘날 우리가 사용하는 표준시가 탄생되었지.

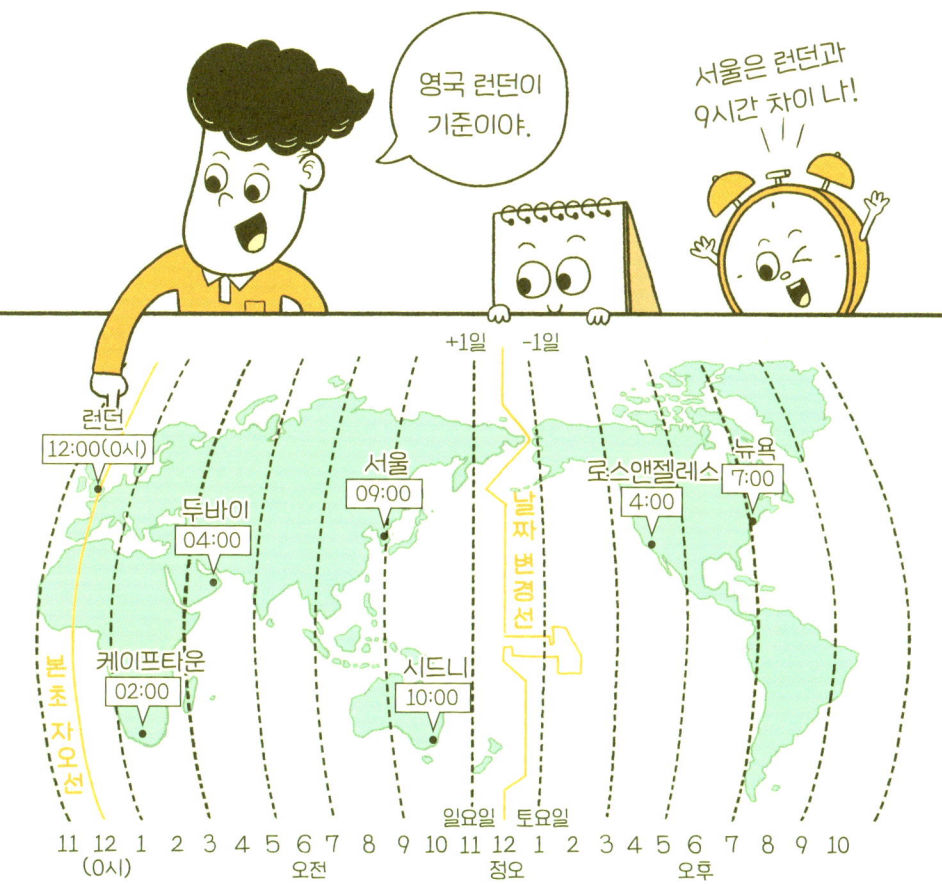

플레밍이 만든 표준시!

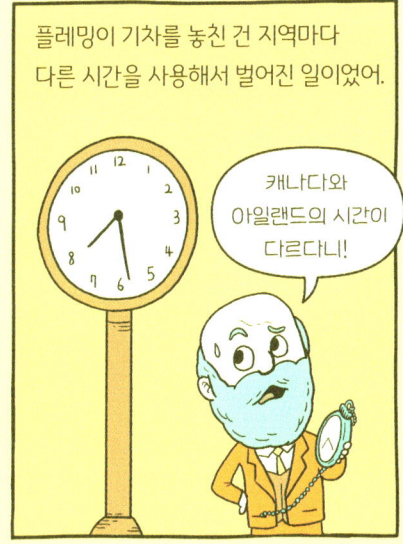

수정 시계가 1초의 기준을 바꾸었다고?

아주 오랜 옛날부터 시계의 시간은 지구의 자전 속도에 맞추어져 있었어. 그런데 과학이 점차 발달하면서 이 속도가 불규칙하다는 것을 알게 되었어. 과학자들은 주기가 일정한 새로운 무언가를 찾아야 했어.

그러던 1927년 모리슨은 수정에 전기를 흘려보내면 수정 결정이 1초에 3만 2768번 규칙적으로 진동한다는 것을 발견했어. 수정의 진동이 지구의 자전 속도보다 더 일정하고 오차가 없다니 놀랍지? 이 같은 특성을 이용해 수정 시계가 탄생된 거야. 수정 시계가 등장하면서 1초란 수정이 3만 2768번 진동하는 시간으로 바뀌었어. 하루 오차가 1년에 고작 1초도 안 되었지. 이제 지구의 자전을 기준으로 한 1초는 낡은 기준이 되어 버렸어. 처음 나올 때만 해도 옷장만 했던 수정 시계는 일본에서 작고 가격도 저렴한 시계로 재탄생되었어. 일본은 1964년 도쿄 올림픽에서 수정 시계로 선수들의 기록을 미세한 차이까지 놓치지 않고 쟀어.

한편 진자시계로 대표되는 기계 시계도 이때까지 발전을 거듭해 거의 오차가 나지 않게 되었어.

1952년 미국 국립 표준 기술 연구소에서 새로운 시계를 만들었어. 그 시계의 이름은 세슘 원자 시계야. 세슘 원자 시계는 세슘 원자 안에 있는 전자의 진동을 이용해서 만들었는데, 진동 횟수가 무려 1초에 91억 9263만 1770번이야. 수정 시계와는 비교가 안 될 정도로 빠르지? 당연히 수정 시계보다 더 정확했어.

이때부터 과학자들은 1초의 기준을 수정의 진동 횟수에서 세슘의 진동 횟수로 바꾸게 되었어. 세슘 원자 시계의 1초는 300만 년 동안 겨우 1초 정도의 오차만 발생할 정도로 정확했어.

지금 우리가 쓰는 표준시는 세슘 원자 시계를 기준으로 하고 있어. 완벽해 보이는 세슘 원자 시계를 발명했지만, 과학자들은 더 완벽한 시계를 만들려고 하고 있어. 인류가 시간을 발명한 이후 완벽한 시계를 만들려는 노력은 지금도 계속되고 있는 거야.

5. 우리나라의 달력과 시계

우리 땅에 맞는 달력을 만들었어!

　예부터 동아시아에서는 천체의 움직임을 읽어 백성들에게 시간을 알려 주는 일을 황제가 해야 할 중요한 일이라고 여겼어. 또 이 일은 오직 황제만 할 수 있었지. 황제는 천문 관측기인 혼천의를 두어 해, 달, 별을 관찰해서 사람들에게 시간을 알려 주었어.

　중국에서는 새 나라를 세운 황제는 꼭 새로운 달력을 만들어 자신의 권위를 널리 알렸어. 그럼, 우리나라는 어땠을까? 우리나라는 중국의 허락 없이 우리만의 달력을 만들 수 없었고 이름조차 지을 수 없었어. 역대 우리나라 왕들은 중국에서 달력을 받아 와서 사용했지. 하지만 중국 달력은 북경을 기준으로 했기 때문에 시각과 계절이 우리나라와 맞지 않았어. 이에 세종은 1432년에 《칠정산내

편》이라는 달력을 만들도록 했어. 비로소 우리나라도 우리 땅에 맞는 시간과 1년을 알 수 있는 달력을 갖게 된 거야.

　우리의 달력을 만드는 기술은 점점 더 발전해 나갔어. 그리고 1897년 고종 황제가 대한제국을 선포하고 우리의 달력에 독사적인 이름까지 만들어 당당하게 《명시력》이라고 발표하였지. 황제가 되었으니 독자적인 달력을 만들어 이름도 짓고 널리 알린 거야.

계절과 시간을 동시에 알려 주는 시계가 있었다고?

1432년 우리나라는 우리 땅에 맞는 시계도 만들게 되었어. 우리나라와 다른 중국의 시간을 계속 쓸 수 없었거든. 이렇게 해서 탄생한 시계가 앙부일구야. 앙부일구는 '하늘을 우러러보는 솥 모양의 해시계'라는 뜻인데, 오목한 시반면에는 계절을 알 수 있는 가로선과 시각을 나타내는 세로선이 그어져 있어. 시곗바늘처럼 생긴 영침이 시반면을 지나면서 그림자가 생기는데, 이 그림자와 마주치는 가로선이 그날의 절기, 세로선이 시각을 알려 주지. 영침의 그림자만으로도 시각과 절기를 동시에 알 수 있었던 거야.

앙부일구에는 세종이 백성들을 사랑하는 마음이 곳곳에 담겨 있어. 시각마다 모양이 다른 12개의 동물을 그려 놓았는데, 글자를 모르는 백성들이 동물 그림만 보고도 몇 시인지 알 수 있게 하려고 그런 거야. 앙부일구는 청계천에 있는 혜정교라는 다리와 종묘 앞에 설치했는데, 온 백성이 시간을 알아 생활에 이용하기를 바랐기 때문이야.

스스로 시간을 알려 주는 물시계, 자격루!

하루의 시간을 재는 도구로 앙부일구만 있었던 게 아니야. 때와 날씨에 상관없이 언제든 시간을 알 수 있는 특별한 시계가 하나 더 있었어. 바로 자격루야. 자격루는 '스스로 부딪치는 물시계'란 뜻이야. 뜻 그대로 자격루는 자동 물시계였지. 그런데 자동 물시계 하니까 어디서 들어 본 것 같지 않니? 12세기경 알 자자리가 만든 코끼리 시계 말이야. 자격루는 이 물시계처럼 물과 기계 장치를 이용해 시간을 자동으로 알려 주었어. 자격루를 보면 우리의 시계 기술이 서양과 견줄 정도로 뛰어났다는 것을 알 수 있지. 자격루가 생긴 뒤로 조선 팔도의 시계는 자격루가 알려 주는 시각에 맞추었어.

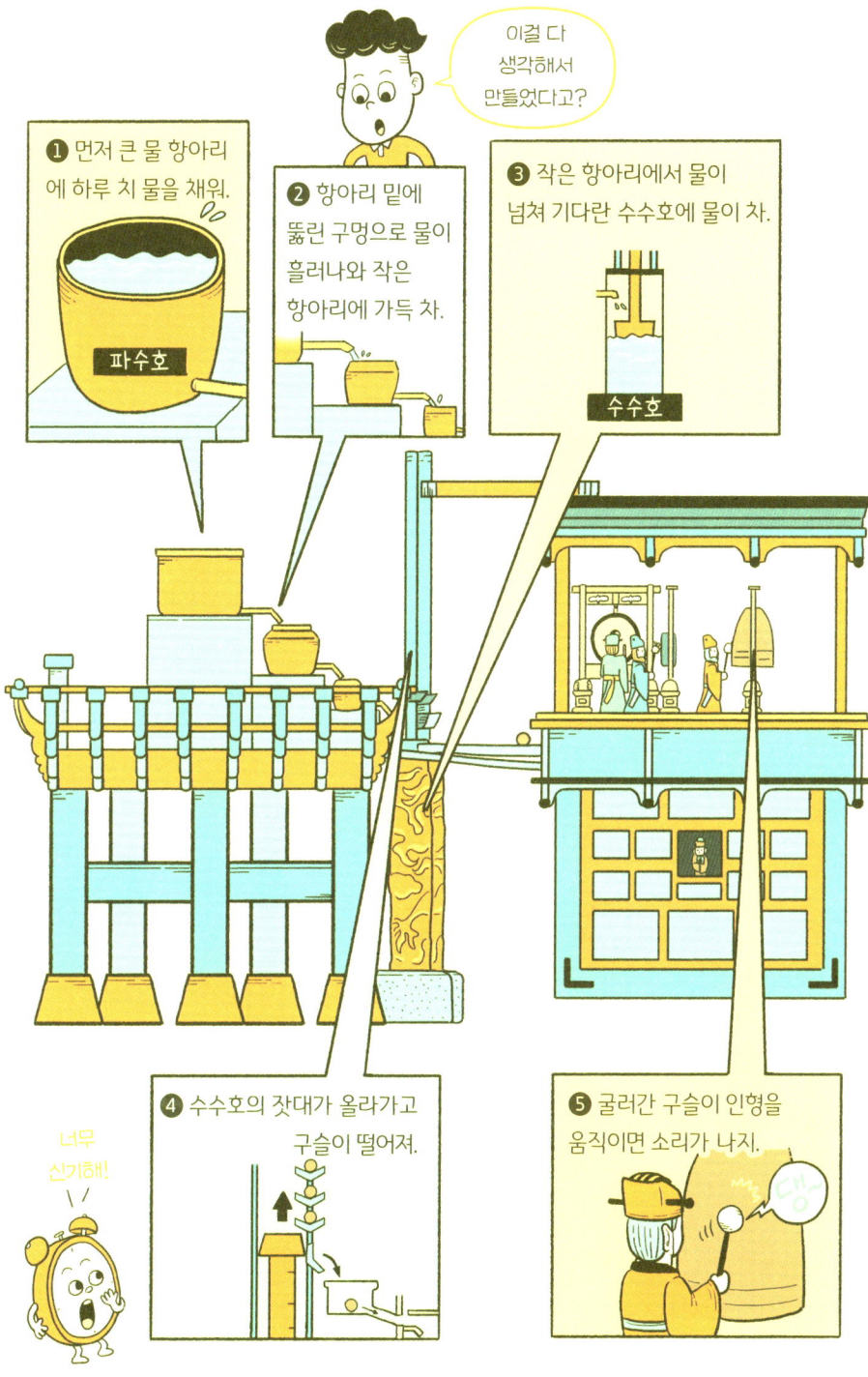

생각 발견
자동 물시계, 자격루의 탄생!

조선 시대에는 관리들이 물시계의 눈금을 잰 뒤 종을 쳐서 시간을 알려 주었어.

세종은 많은 백성들이 잘 들을 수 있도록 지금의 종로에 시각을 알리는 종을 두도록 했어.

백성들은 일정한 시각에 울리는 종소리를 듣고 하루를 계획했어.

세종의 명을 받은 장영실은 자동 시계를 만들기 위해 밤낮으로 연구했어.

1434년 장영실은 드디어 스스로 시각을 알려 주는 시계인 자격루를 만들었어.

전하, 드디어 완성하였습니다!

나무 인형이 일정한 시각에 각각 종, 북, 징을 쳤지.

인류의 시간 탐구와 미래 시간 혁명

아주 오랜 옛날에는 시간을 알 필요가 없었어. 해와 달이 시계였지. 해가 뜨면 일어나 일하고 해가 지면 쉬었어.

그러다 사냥감이 언제 이동하는지, 열매는 언제 익고 수확하는지를 알아야 했어. 그래서 계절을 미리 알면 좋겠다고 생각했지.

이집트는 기원전 3천 년경 태양, 시리우스, 나일강의 홍수 주기에 맞추어 1년의 태양력을 만들었어. 그러고 나서 기원전 1700년경 1년을 365일로 정했지.

기원전 45년 로마의 율리우스는 이집트의 태양력을 받아들여 율리우스력을 만들었어. 그리고 약 1천 년 뒤 교황 그레고리우스는 율리우스력을 조금 수정해 오늘날의 달력인 그레고리력을 만들었어.

365.25일

1년을 담은 달력 못지않게 하루의 시간도 구분되었어. 하루를 24개로 나누어 작게 구분한 시간을 해시계, 별시계, 물시계로 측정했어.

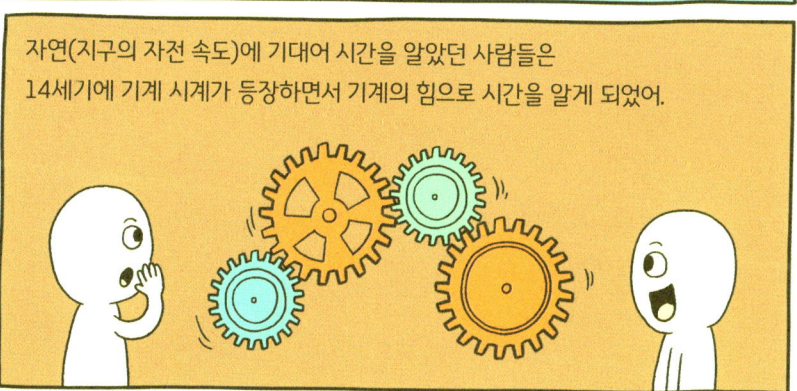

자연(지구의 자전 속도)에 기대어 시간을 알았던 사람들은 14세기에 기계 시계가 등장하면서 기계의 힘으로 시간을 알게 되었어.

기계 장치로 만든 공공 시계는 14~16세기에는 대도시의 자랑거리가 되었어.

정확한 시계는 갈릴레이로부터 시작되었어. 1583년경 갈릴레이는 진자의 운동을 발견했고, 1656년 하위헌스는 이를 이용해 진자시계를 발명했어.

그 후 시계는 나선 모양의 태엽이 발명되면서 크기가 획기적으로 줄었어. 그래서 회중시계가 발명되고, 이후에 손목시계로 발전하게 돼.

1927년 지구의 자전 속도보다 정확한 수정 시계가 탄생되었고, 1952년에는 그보다 더 정확한 세슘 원자 시계가 발명되어 인류는 거의 완벽한 시계를 갖게 되었어.

우리나라의 달력과 시계도 독자적으로 발전했어. 세종은 《칠성산내편》이라는 달력과 앙부일구, 자격루 등의 시계를 만들었어.

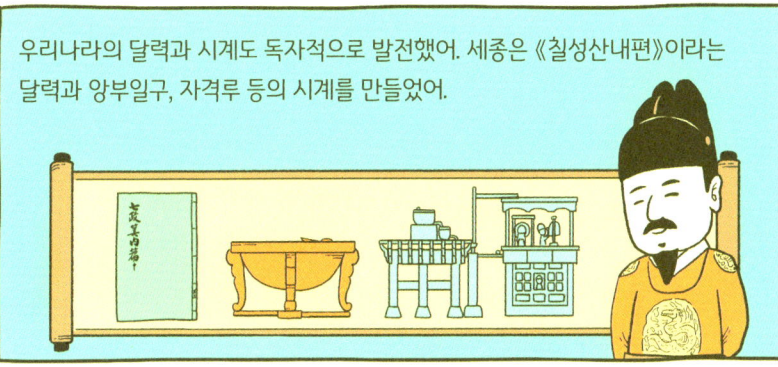

지금까지 시계는 우리 인류에게 편리한 문명을 선사했어. 앞으로 어떤 기술이 미래를 이끌어 갈지 알 수 없지만, 새로운 시간 혁명이 나타나 우리의 삶을 바꾸게 될지도 몰라.

궁금증 상담소

Q 옛날에는 계절에 따라 시간이 줄었다 늘었다 했다고?

A 낮과 밤의 길이는 계절에 따라 달라. 여름에는 낮 시간이 밤 시간보다 길고, 반대로 겨울에는 밤 시간이 낮 시간보다 길어. 이 때문에 고대 이집트에서는 시간을 계절에 따라 고무줄처럼 늘였다 줄였다 했어.

Q 일주일은 언제부터 생겼을까?

A 일주일은 장이 서는 날의 간격에서 시작되었다고 해. 그런데 장이 서는 날은 시대마다, 지역마다 달랐어. 그러다 보니 일주일이 제각각이었지. 고대 로마에서는 9일마다 장이 열렸는데, 그 기간이 곧 일주일이 되었어. 그러다 로마가 기독교를 받아들이면서 7일째는 쉬고 예배를 드리면서 7일이 일주일로 굳어진 거야.

Q 시곗바늘은 왜 오른쪽으로 돌까?

A 해가 동쪽에서 떠서 남쪽을 지나 서쪽으로 기우는 것에 따라서 해시계의 그림자도 오른쪽으로 돌았어. 이런 해시계의 움직임에 오랜 시간 익숙했던 시계 제작자들이 시곗바늘을 오른쪽으로 돌게 만든 거야.

Q 똑딱똑딱하는 시계 소리는 언제부터 생겼을까?

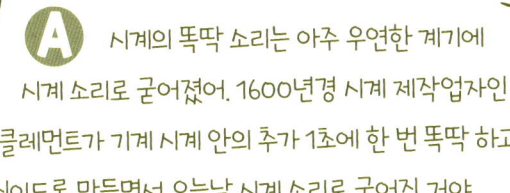

A 시계의 똑딱 소리는 아주 우연한 계기에 시계 소리로 굳어졌어. 1600년경 시계 제작업자인 윌리엄 클레멘트가 기계 시계 안의 추가 1초에 한 번 똑딱 하고 움직이도록 만들면서 오늘날 시계 소리로 굳어진 거야.

Q 시곗바늘이 4개인 시계도 있다고?

A 1950년대가 되자 제트 항공기로 하늘을 빠르게 가로지르는 시대가 열렸어. 이때 롤렉스라는 회사에서 조종사를 위한 시계를 개발했어. 먼 지역을 오가는 조종사가 두 지역의 시간을 동시에 확인할 수 있게 한 거야. 이 시계의 시곗바늘은 총 4개나 되었는데, 시침과 분침, 초침 외에 하루에 한 바퀴씩 도는 시곗바늘이 하나 더 있었어.

Q 동물도 시간을 알까?

A 동물들은 누가 알려 주지 않아도 본능적으로 몸 안에 기억된 생체 시계로 시간을 알 수 있어. 곰은 겨울이 되면 굴에서 겨울잠을 자고, 기러기는 계절마다 수천 킬로미터를 날아서 이동해.

손바닥 교과 풀이

초등 3학년 1학기 사회

3. 교통과 통신 수단의 변화

- 교통수단의 발달과 생활 모습의 변화
- 옛날부터 사람들은 조금 더 빠르게 다른 고장으로 이동하기 위해 노력했다.
- 기차, 비행기, 배 등을 이용해 먼 곳을 쉽고 빠르게 이동할 수 있게 됐다.

 교통수단의 발달로 사람들이 먼 곳을 빠르게 이동하면서 점점 더 정확하고 가벼운 시계가 필요해졌어.

초등 6학년 2학기 사회

2. 통일 한국의 미래와 지구촌의 평화

- 지구촌의 평화와 발전
- 세계 사람들은 정치, 경제, 사회적으로 서로 영향을 주고받으며 살고 있다.
- 지구촌의 평화와 발전을 위해 서로 노력하고 있다.

 플레밍은 국제회의를 통해 표준시를 만들고 세계 표준시의 기준이 되는 곳을 정했어.

3. 태양계와 별

● 태양이 지구에 미치는 영향과 별자리 알기

— 태양은 지구를 따뜻하게 하여 생물이 살 수 있는 알맞은 환경을 만든다.

— 옛날 사람들은 낮에는 태양을 보고, 밤에는 별을 보고 방위를 알았다.

오래전 이집트 사람들은 별의 주기, 태양의 주기, 나일강의 주기 등을 관찰해 최초로 태양력이라는 달력을 만들었어.

2. 지구와 달의 운동

● 지구와 달의 움직임

— 지구와 달의 운동 때문에 낮과 밤이 반복되고, 밤하늘의 별자리가 계절마다 달라진다.

— 달의 모양 변화는 약 30일을 주기로 되풀이되며, 이를 이용해 음력 달력을 만들었다.

— 지구가 태양 주위를 공전하기 때문에 계절에 따라 밤에 보이는 별자리가 달라진다.

일찍부터 사람들은 태양과 달의 움직임을 관찰해 달력을 만들었어. 달을 보고 만든 태음력과 태양을 보고 만든 태양력이 대표적이지.

생각의 탄생_②시간과 시계

1판 1쇄 발행 | 2022년 12월 21일
1판 4쇄 발행 | 2024년 11월 3일

펴낸이 | 김영곤
아동부문 프로젝트3팀 팀장 | 이장건 **책임개발** | 김혜지 **책임편집** | 주경천
마케팅영업부문 | 정지은 한충희 장철용 남정한 강경남 황성진 김도연 이민재
디자인 | 여백커뮤니케이션 **제작** | 이영민 권경민

펴낸곳 | ㈜북이십일 아울북
출판등록 | 2000년 5월 6일 제406-2003-061호
주소 | (10881) 경기도 파주시 회동길 201 (문발동)
대표전화 | 031-955-2100 **팩스** | 031-955-2177
홈페이지 www.book21.com

다양한 SNS 채널에서
아울북과 을파소의 더 많은 이야기를 만나세요.

인스타그램
@owlbook21

유튜브
@아울북&을파소

ISBN | 978-89-509-4276-2
ISBN | 978-89-509-4065-2(세트)

ⓒ 고석규·남동완, 2022
이 책을 무단 복사복제·전재하는 것은 저작권법에 저촉됩니다.

• 잘못 만들어진 책은 구입하신 서점에서 교환해 드립니다.
• 가격은 책 뒤표지에 있습니다.

⚠ **주의** 1. 책 모서리가 날카로워 다칠 수 있으니 사람을 향해 던지거나 떨어뜨리지 마십시오.
2. 보관 시 직사광선이나 습기 찬 곳을 피해 주십시오.

• 제조자명 : ㈜북이십일
• 주소 및 전화번호 : 경기도 파주시 회동길 201(문발동)/031-955-2100
• 제조연월 : 2025.11
• 제조국명 : 대한민국
• 사용연령 : 3세 이상 어린이 제품

• **일러두기** 맞춤법과 띄어쓰기는 《표준국어대사전》을 기준으로 삼았고, 외국의 인명, 지명 등은
국립국어원의 '외래어 표기법'을 따랐습니다.

세상에 없던, 세상을 변화시킨 인류의 생각과
문명 탄생의 순간들을 찾아 떠나는 지식 여행!

생각의 탄생

- 한국어린이교육문화연구원 어린이 필독 도서
- 학교도서관저널 추천 도서
- 한국출판문화진흥재단 올해의 청소년 교양 추천 도서

❶ 감염병과 백신 ❷ 시간과 시계 ❸ 화폐와 경제
❹ 지도와 탐험 ❺ 문자와 생활 ❻ 진화와 유전
❼ 인공 지능과 미래 ❽ 스포츠와 올림픽
❾ 에너지와 환경 ❿ 통신과 스마트폰

★ 시리즈는 계속됩니다. ★

대한민국 최고의 교수진들이 들려주는
단 한 번의 특별한 교양 수업

서울대 교수와 함께하는 10대를 위한 교양 수업

❶ 법의학 이야기 ❷ 한국 고대사 이야기
❸ 빅데이터 이야기 ❹ 해양 과학 이야기
❺ 헌법 이야기 ❻ 로마사 이야기
❼ 과학기술학 이야기 ❽ 고생물학 ❾ 수의학

★ 시리즈는 계속됩니다. ★